真夏だけじゃない！

　死亡災害は、7月と8月で約9割を占め、湿気の多い6月や残暑の厳しい9月にも発生しています。

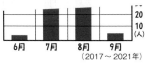

（2017〜2021年）

発生のピークは午後2〜4時台と午前11時台！

　時間帯では、1日を通じて午後2時から4時台に4割近くが発生し、その他に午前11時台にもピークがあります。

暑くなりはじめが要注意！

　暑さに体が慣れていないと、汗をかいて体表面を冷やすことができません。急に暑くなった日には、気温がさほど高くなくても、熱中症が発生しやすくなります。

● 熱中症は必ず防げる！

職場での死亡災害が起きた状況には、次のような特徴がみられました。

● 体が暑さに慣れる期間を設けていなかった。
● 定期的に水分・塩分を補給させていなかった。
● その作業者に高血圧や心疾患などの持病があった。
● 暑さ指数（WBGT）を測定していなかった。

　暑さを安易に考え、対策を講じていないと重篤な熱中症が発生します。正しい知識と対策のポイントをおさえて、熱中症の発生を予防しましょう。

② 熱中症ってどんな症状？

熱中症とは

　蒸し暑い環境のもとで、体内の水分や塩分（ナトリウム）のバランスが崩れること、体温を調節できなくなることなどにより身体の機能が損なわれることをいいます。

　人間は、運動や作業で体が熱くなってきても、内臓の温度が38度以上にならないように、体表面に血液を集めて熱を逃がしたり、汗を出して皮膚表面から蒸発させて体を冷やしたりします。しかし、暑い感覚をがまんして対策をとらないと、体温を維持する働きが破たんし、熱中症になります。

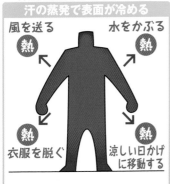

　熱中症の症状はI度からⅢ度に分類されます。水分の自力摂取ができないときはⅡ度以上で、救急搬送が必要です。脳の温度が40度を超えると、体温調節の機能が低下し汗が止まります。やがて意識が低下し、全身のけいれんが生じ、緊急に治療しなければ死にいたる危険な状態となります。

分類	症状	
I度　水分やナトリウムの摂取で回復	**めまい・生あくび・失神**　「立ちくらみ」という状態で、脳への血流が瞬間的に不十分になったことを示す。"熱失神"と呼ぶこともある。	**熱失神**　　**熱けいれん**
	筋肉痛・筋肉の硬直　筋肉の「こむら返り」のことで、その部分の痛みを伴う。発汗に伴う塩分（ナトリウム等）の欠乏により生じる。"熱けいれん"と呼ぶこともある。	
	大量の発汗	
Ⅱ度　点滴による治療が必要	**頭痛・気分の不快・吐き気・嘔吐・倦怠感・虚脱感**　体がぐったりする、力が入らないなどの脱水による症状が続き、疲れやすい状態である。	**熱疲労**
	集中力や判断力の低下	
Ⅲ度　内臓に障害が起こり、集中治療が必要	**意識障害・けいれん・手足の運動障害**　呼びかけや刺激への反応がおかしい、引きつけを起こす、真っ直ぐに歩けないなど。	**熱射病**
	高体温　体に触ると熱いという感触がある。従来から"熱射病"や"重度の日射病"と言われていたものがこれに相当する。	

小

重症度

大

気温や湿度だけでは、熱中症のリスクを測定できません。「WBGT」という暑さ指数で測ります。作業場所のWBGTは黒球のついた測定器で測ることができます。

	😵	31℃以上
	😣	28～31℃
	🙁	25～28℃
	🙂	25℃未満

測定したWBGTを右表のWBGT基準値と比較します。化学防護服等をつけているときは、通気性の悪さや透湿性の低さに応じて、厚生労働省通達で示された値で補正します。

WBGT基準値を超える場合には、熱中症を予防する対策をとります。

● WBGTは、JIS Z 8504またはJIS B 7922適合・準拠品で測定することが厚生労働省通達で定められている。

暑さ指数を活用しよう！

厚生労働省では、暑さ指数測定器による測定方法を動画で紹介しており、環境省・熱中症予防情報サイトでは、地域のおおよその予測値・実測値がわかります。

● 厚生労働省　職場における熱中症予防情報
　https://neccyusho.mhlw.go.jp/
● 環境省　熱中症予防情報サイト
　https://www.wbgt.env.go.jp/

身体作業強度等に応じたWBGT基準値

区分	身体作業強度（代謝率レベル）の例	WBGT基準値 ℃	
		暑熱順化者の WBGT基準値 ℃	暑熱非順化者の WBGT基準値 ℃
0安静	・安静　・楽な座位	33	32
1 低 代謝率	・軽い手作業（書く、タイピング、描く、縫う、簿記） ・手及び腕の作業（小さいベンチツール、点検、組立て又は軽い材料の区分け） ・腕及び脚の作業（通常の状態での乗り物の運転、フットスイッチ及びペダルの操作） ・立位でドリル作業（小さい部品） ・フライス盤（小さい部品）　・コイル巻き ・小さい電機子巻き　・小さい力で駆動する機械 ・2.5km/h以下での平たんな場所での歩き	30	29
2 中程度 代謝率	・継続的な手及び腕の作業（くぎ打ち、盛土） ・腕及び脚の作業（トラックのオフロード運転、トラクター及び建設車両） ・腕と胴体の作業（空気圧ハンマーでの作業、トラクター組立て、しっくい塗り、中くらいの重さの材料を断続的に持つ作業、草むしり、除草、果物及び野菜の収穫） ・軽量な荷車及び手押し車を押したり引いたりする ・2.5km/h～5.5km/hの平たんな場所での歩き ・鍛造	28	26
3 高 代謝率	・強度の腕及び胴体の作業　・重量物の運搬 ・ショベル作業　・ハンマー作業　・のこぎり作業 ・硬い木へのかんな掛け又はのみ作業 ・草刈り　・掘る ・5.5km/h～7km/hでの平たんな場所での歩き ・重量物の荷車及び手押し車を押したり引いたりする　・鋳物を削る　・コンクリートブロックを積む	26	23
4 極高 代謝率	・最大速度の速さのとても激しい活動 ・おのを振るう　・激しくシャベルを使ったり掘ったりする ・階段を昇る　・平たんな場所で走る ・7km/h以上で平たんな場所を歩く	25	20

注1　日本産業規格JIS Z 8504（熱環境の人間工学－WBGT（湿球黒球温度）指数に基づく作業者の熱ストレスの評価－暑熱環境）附属書I「WBGT熱ストレス指数の基準値」を基に、同表に示す代謝率レベルを具体的な例に置き換えて作成したもの。

注2　暑熱順化者とは、「評価期間の少なくとも1週間以前から同様の全労働期間、高温作業条件（又は類似若しくはそれ以上の極端な条件）にばく露された人」をいう。

④ 働く環境から防ぐ

① WBGT値を下げる工夫をする

- 熱を遮る遮へい物を設ける。
- 直射日光や照り返しを遮ることのできる簡易な屋根を設ける。
- スポットクーラー、扇風機の利用。

※散水は、地表温を下げる効果はありますが、風通しの悪い場所では湿度が上昇するので注意しましょう。

② 水分補給と休養が十分にできる休憩場所を設置する

- 冷房や扇風機を備える。
- 日陰等の涼しい休憩場所を設ける。
- 氷、冷たいおしぼり、水風呂、シャワーを用意する。
- 水分やナトリウムの吸収性に優れたスポーツ飲料や塩分を含んだ飴などを置く。
- 横になれる、十分な休養のとれる広さを用意する。

⑤ 作業のやり方を工夫する

① 水分と塩分の補給

● 作業開始前や、のどが渇く前から定期的に水分と塩分を補給する。

塩分0.1%〜0.2%の食塩水
水　塩　熱中症 CANDY
SALT

② 無理をしない

● 作業の中止や十分な休憩が可能な余裕のある作業計画をたてる。
● 急に暑くなった日は、普段よりこまめに休憩をとらせる。

100mL中に食塩相当量
0.1〜0.2gを含んだスポーツ飲料
水分、塩分の吸収性が良いものを選ぶ

③ 熱をこもらせない

● 作業服は、体から出てきた汗が乾きやすい透湿性と通気性の良い素材を選ぶ。色調は熱を吸収しにくい明るい色にする。
● 直射日光下では、空気が通り、熱の放散を促す帽子等を使用する。
● 保冷材を身につけたり、電動ファンつき作業服などを利用する。

● 感染防止用マスク着用の作業では、こまめに休憩をとる。屋外で他人から十分に離れている場合はマスクを外す。

④ 暑さに体を慣らす

● 暑さに慣れるよう作業時間を徐々に長くしていく。
（例：7日ほどかけて、作業時間を増やしていく。いったん作業から離れると、4日後には慣れの効果が失われ始める。）

脱水時には塩分・糖質を含んだ水分補給が効果的です。

　汗をかくと、体内から水分と塩分（ナトリウム）などの電解質が失われます。のどの渇きにまかせて水やお茶だけを飲み続けると、体は体液がそれ以上薄くならないよう、過剰な水分を尿として体外に出そうとします。その結果、水分補給をしているにもかかわらず、体の体液は回復しないまま脱水が進行する「自発的脱水」が起こってしまいます。

発汗 ▶ 体液量が減る ▶ 水だけ飲む ▶ 体液濃度が下がる（薄くなる） ▶ 一次的にのどの渇きが止まる 体液濃度をもどすために水分が出る ▶ 体液不足

（出典：大塚製薬㈱、HP資料より）

　自発的脱水を回避するためには体液に近い成分で、体内にすばやく吸収され、長くとどまる性質の水分を摂取することが大切です。具体的には0.1〜0.2%の食塩に加え4〜8%の糖質を含んだものが良いとされています。

　また、作業に入る直前や休憩時間に、シャーベット状の冷凍飲料であるアイススラリー等を摂取して、深部体温を冷却し、作業中の体温上昇を抑える"プレクーリング"も熱中症対策に有効な手段です。

⑥ 体調をととのえて作業する

熱中症を予防するには、普段からの健康管理が大切です。

❶ 健康診断の結果を活かす

糖尿病、高血圧などの持病がある場合、健康診断の結果をもとに作業内容を産業医・主治医と相談しましょう。

❷ 日常の健康管理を万全に

睡眠不足やお酒の飲みすぎ、朝食抜き、風邪・下痢などの体調不良は、熱中症を起こしやすくします。

また、暑くなる時期を前に、適度な運動で健康的に汗をかくようにして、暑さへの備えをしておくことも大切です。

❸ 健康状態を確認

- 朝礼で体調と生活状況(睡眠・食事など)を確認させましょう。
- 作業中に巡視し、声をかけて健康状態を確認させましょう。
  高齢者や持病のある人、肥満の人は特に配慮が必要です。
- 休憩時に体重、体温、脈拍を測らせましょう。

STOP!! 作業中止のサイン　次のような状態は作業を中止

- 1分間の心拍数が、180から年齢を引いた値を超え数分間継続する
- 作業強度のピークの1分後の心拍数が、120を超える
- 作業中の体温が38℃を超過する
- 作業開始前より、1.5%を超えて体重が減少した(66kgの人で約1kg)
- 激しい疲労感、悪心、めまい、意識喪失 など

職場の熱中症予防チェックリスト

I 作業前のチェック ☑

今日の現場の環境は？（作業環境）

1 今日のWBGT値を基準値と比べているか ☐

2 熱源を遮る遮へい物はあるか ☐

3 屋外の作業では、直射日光を遮る覆いがあるか ☐

4 体を冷やすことのできる、
涼しい休憩場所を準備しているか ☐

5 水分・塩分が補給できるスポーツ飲料やアイススラリー、
塩飴などを十分に準備しているか ☐

今日の作業の段取りは？（作業管理）

1 WBGT値、作業内容、作業者の健康状態を考慮して、
作業計画をたてているか ☐

2 十分な休憩時間、作業休止時間を設けているか ☐

3 一人作業は避けているか ☐

4 きつい作業はできるだけ避けるか、
こまめに休憩をとるようにしているか ☐

今日の作業者の体調は？（健康管理）

1 作業者に具合の悪い者はいないか ☐

2 暑さに慣れていない作業者はいないか ☐

作業者の健康状態は右ページでチェック！

II 作業中 パトロールでここをチェック

1 定期的にWBGT値を確認しているか ☐

2 体調を崩している作業者はいないか ☐

3 作業者は水分・塩分をきちんと補給しているか ☐

● 作業者の健康管理と注意事項の伝達をしっかり行いましょう ●

I 健康チェック 問いかけ確認

1 よく眠れたか。すっきり起きられたか	☐
2 疲れは残っていないか	☐
3 朝食はしっかり食べたか	☐
4 熱はないか	☐
5 脈拍はどうか	☐
6 顔色はよいか (マスクで顔が隠れていると熱中症の初期症状を見逃しやすい)	☐
7 酒は飲みすぎていないか	☐
8 熱中症の発症に影響がある薬(抗うつ薬や利尿剤等)を飲んでいないか	☐

作業中

II 作業中の注意事項

1 作業中にしっかり水分・塩分補給をする	☐
2 通気性・透湿性のよい作業服・保護帽を着用する	☐
3 汗をかいたらこまめに下着を交換する	☐
4 休憩時間はしっかりと体を休める	☐
5 休憩時間に体温、脈拍等を測る	☐
6 体調が悪くなったらすぐに管理者に連絡する	☐
7 屋外で周囲の人と十分な距離がとれている場合は、適宜感染防止用マスクをはずす	☐

終礼時

III 帰宅後の注意事項

1 栄養のバランスのよい食事をとる	☐
2 酒を飲みすぎない	☐
3 夜更かしをせずしっかり眠り、疲れを明日に残さない	☐

正しい知識で命を守る **救急処置**

こ ん な 症 状 が で た ら

[まず処置]

❶ すぐに涼しいところに避難させる

❷ 衣類をゆるめ靴を脱がせ、体表を濡らし、うちわで風を送る

❸ 首まわり、わきの下、太ももの付け根を冷たいもので冷やす

❹ 足を高く上げ、手足の先から中心部に向けてマッサージする

❺ スポーツ飲料等の水分を取らせる

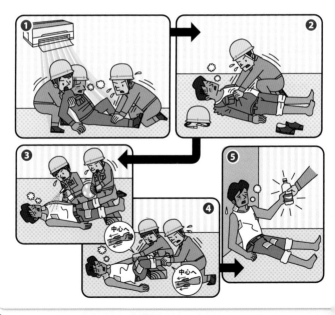

13